mommy

mama

daddy

papa

boy

jongen

girl

meisje

1

one

een

2

two

twee

3

three

drie

4

four

vier

5

five

vijf

6

six

zes

7

seven

zeven

8

eight

acht

9

nine

negen

10

ten

tien

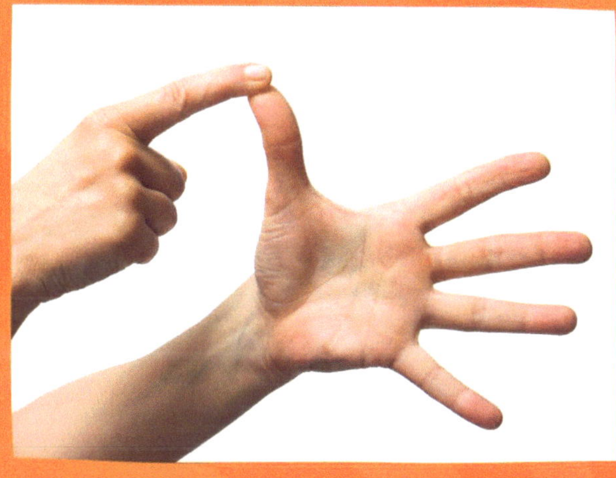

count

tellen

write

schrijven

draw

tekenen

paint

schilderen

circle

cirkel

square

vierkant

rectangle

rechthoek

triangle

driehoek

star

black

white

brown

red

rood

blue

blauw

yellow

geel

green

groen

purple

paars

gray

grijs

orange

oranje

pink

roze

apple

appel

banana

banaan

pineapple

ananas

watermelon

watermeloen

pear

peer

grapes

druiven

mango

mango

peach

perzik

strawberry

aardbei

cherry

kers

orange

sinaasappel

coconut

kokosnoot

lemon

citroen

mushroom

paddenstoel

corn

maïs

tomato

tomaat

pumpkin

pompoen

cucumber

komkommer

carrot

wortel

potato

aardappel

zucchini

courgette

spinach

spinazie

cauliflower

bloemkool

egg

ei

plate

bord

spoon

lepel

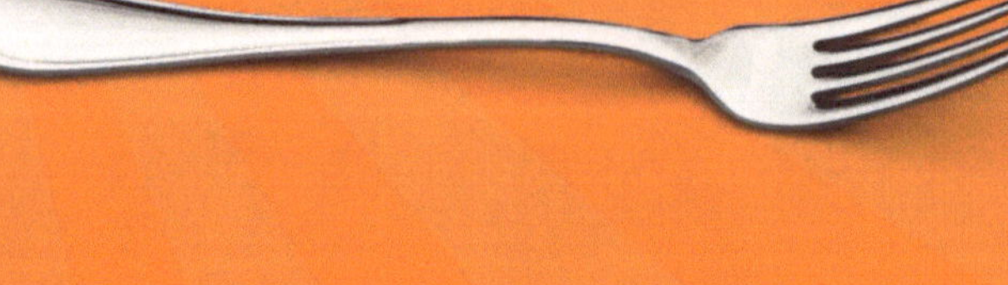

knife

mes

fork

vork

cake

taart

baby bottle

babyflesje

candies

snoepjes

cheese

kaas

drink

drinken

eat

eten

hot

heet

cold

koud

small

klein

big

groot

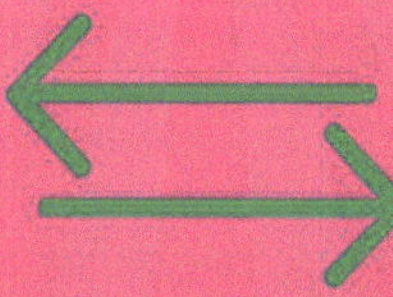

short

kort

long

lang

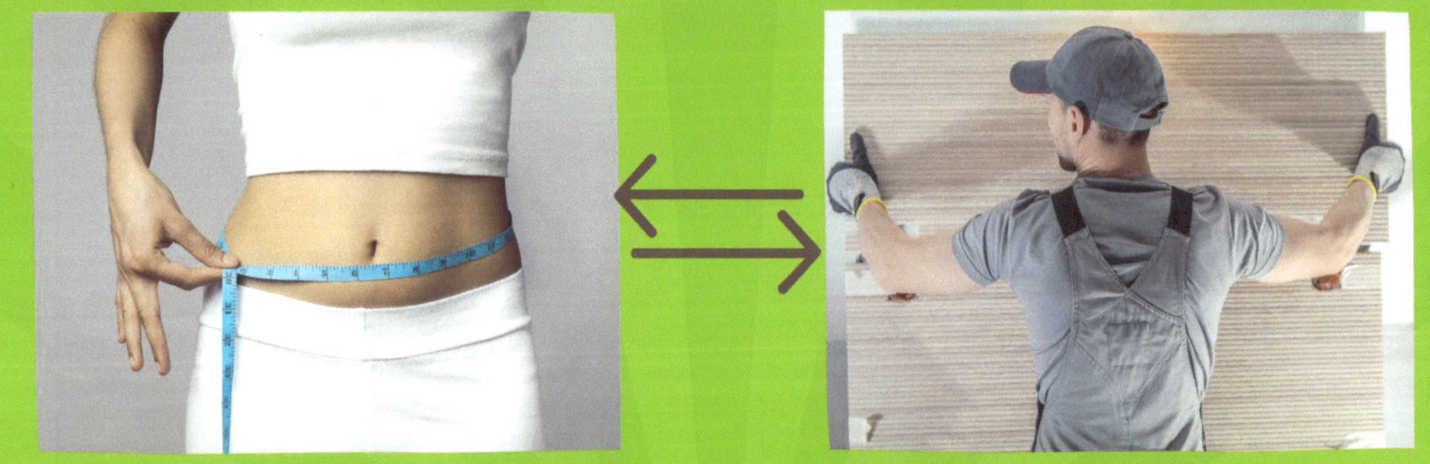

thin

dun

large

groot

easy

makkelijk

difficult

moeilijk

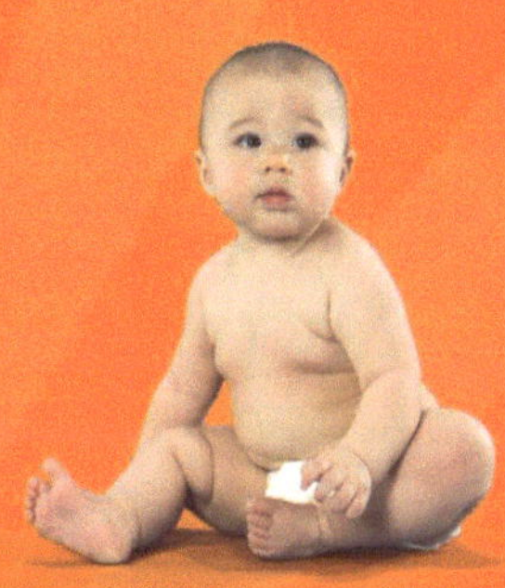

stand up

opstaan

sit down

zitten

sweet

zoet

salty

zout

heavy

zwaar

light

licht

in

erin

out

eruit

dirty

vies

clean

schoon

close

dicht

open

open

pencils

potloden

clock

klok

key

sleutel

book

boek

bed

bed

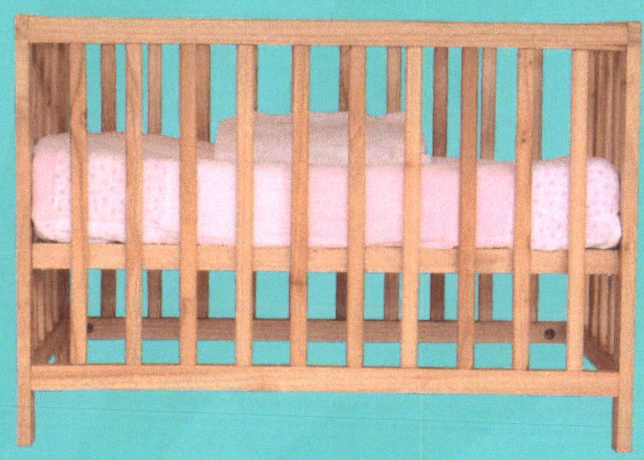

crib

wieg

table

tafel

chair

stoel

car

auto

bike

fiets

plane

vliegtuig

boat

boot

train

trein

helicopter

helikopter

firetruck

brandweerwagen

firefighter

brandweerman

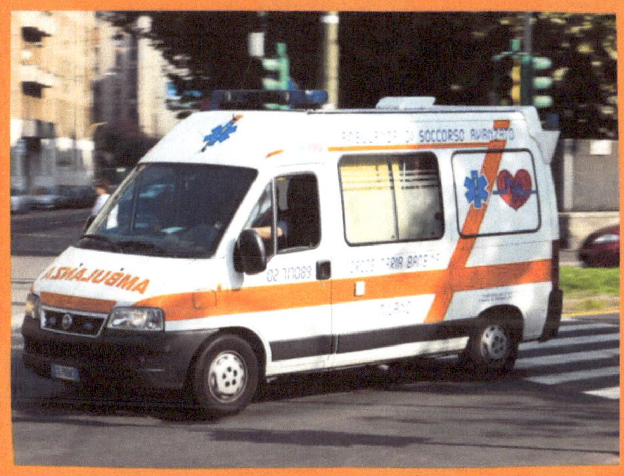

ambulance

ambulance

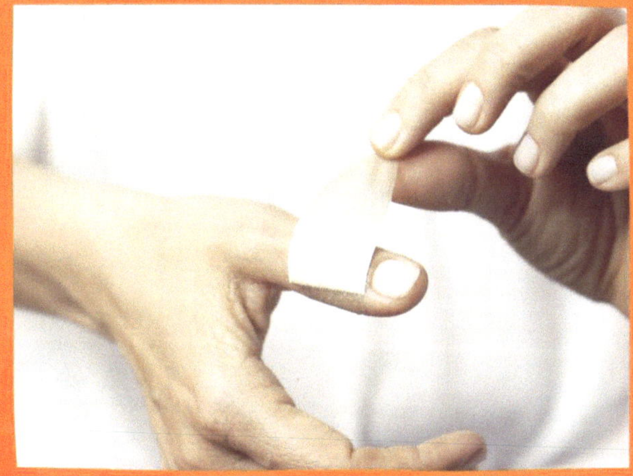

bandage

verband

paramedic

paramedicus

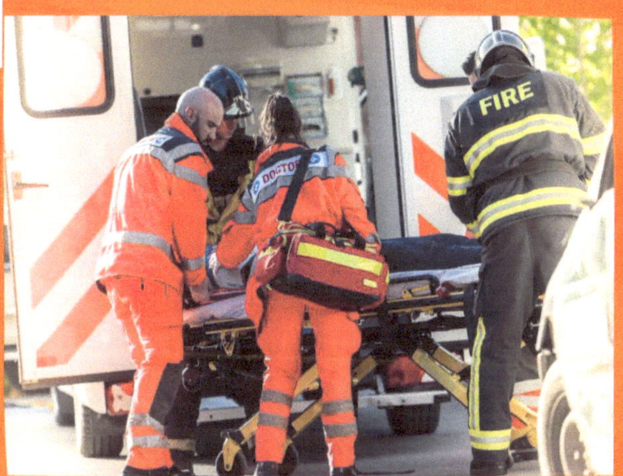

rescue team

reddingsteam

forest

bos

mountain

berg

grass

gras

sand

zand

tree

boom

flower

bloem

butterfly

vlinder

ant

mier

cat

kat

dog

hond

horse

paard

mouse

muis

cow

koe

pig

varken

sheep

schaap

duck

eend

goose

gans

rabbit

konijn

fish

vis

vet

dierenarts

doctor

dokter

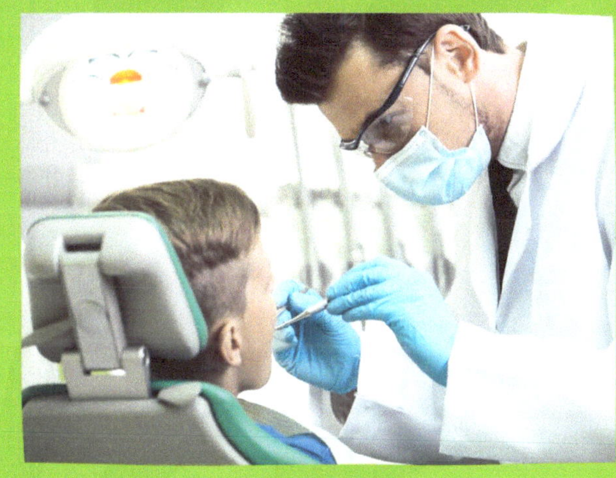

dentist

tandarts

pharmacist

apotheker

nurse

verpleegster

head

hoofd

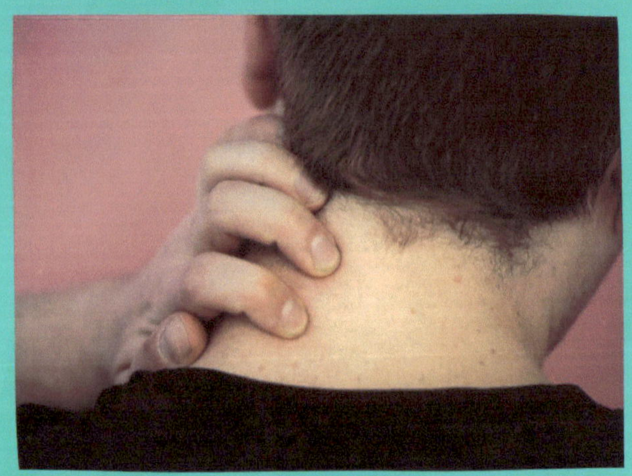

neck

nek

foot

voet

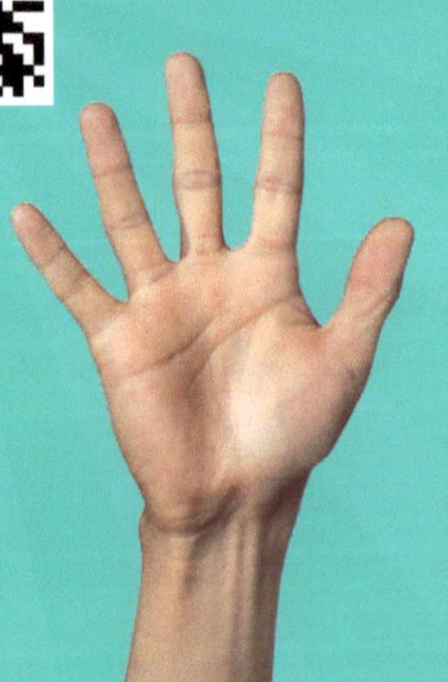

hand

hand

teeth

tanden

eye

oog

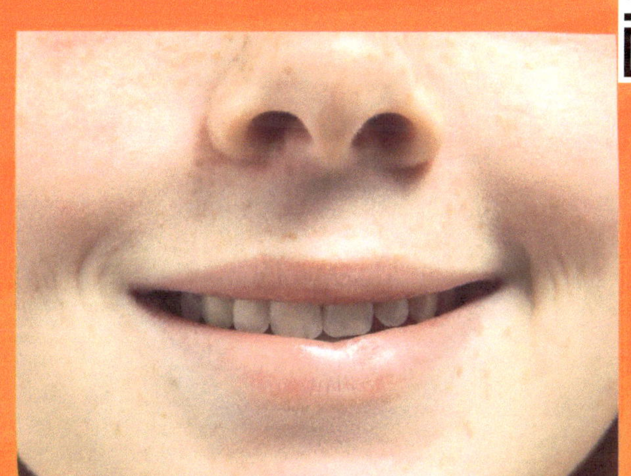

mouth

mond

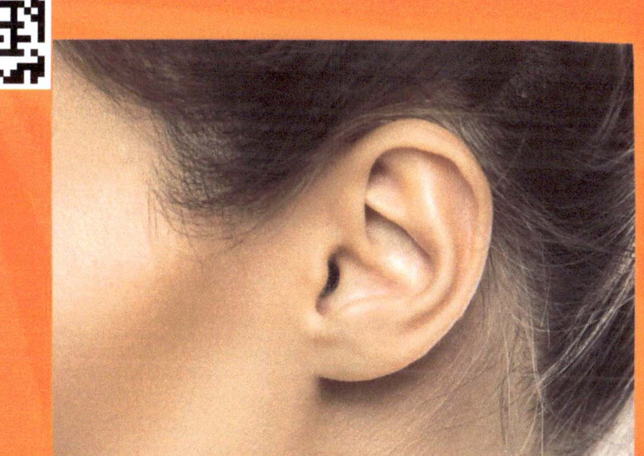

ear

oor

hat
hoed

dress
jurk

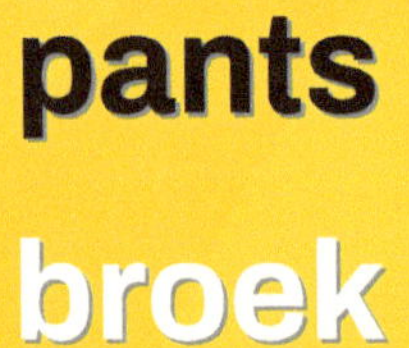

pants
broek

shoes
schoenen

coat

jas

scarf

sjaal

umbrella

paraplu

glasses

bril

sun

zon

cloudy

bewolkt

rainy

regenachtig

moon

maan